四川省工程建设地方标准

四川省住宅物业管理规程

Specification for Residential Property Management
in Sichuan Province

DBJ51/T 057 – 2016

主编单位： 成 都 市 物 业 管 理 协 会
批准部门： 四 川 省 住 房 和 城 乡 建 设 厅
施行日期： 2 0 1 6 年 9 月 1 日

西南交通大学出版社

2016 成 都

图书在版编目（ＣＩＰ）数据

四川省住宅物业管理规程 /成都市物业管理协会主
编 . 一成都：西南交通大学出版社，2016.8（2017.5 重印）
（四川省工程建设地方标准）
ISBN 978-7-5643-4934-9

Ⅰ. ①四… Ⅱ. ①成… Ⅲ. ①住宅 – 物业管理 – 管理
规范 – 四川 Ⅳ. ①F299.275.1-65

中国版本图书馆 CIP 数据核字（2016）第 194308 号

四川省工程建设地方标准

四川省住宅物业管理规程

主编单位 成都市物业管理协会

责 任 编 辑	柳堰龙
封 面 设 计	原谋书装
出 版 发 行	西南交通大学出版社 （四川省成都市二环路北一段 111 号 西南交通大学创新大厦 21 楼）
发 行 部 电 话	028-87600564　028-87600533
邮 政 编 码	610031
网 址	http://www.xnjdcbs.com
印 刷	成都蜀通印务有限责任公司
成 品 尺 寸	140 mm × 203 mm
印 张	2.75
字 数	67 千
版 次	2016 年 8 月第 1 版
印 次	2017 年 5 月第 2 次
书 号	ISBN 978-7-5643-4934-9
定 价	26.00 元

四川省住房和城乡建设厅
关于发布工程建设地方标准
《四川省住宅物业管理规程》的通知

川建标发〔2016〕483号

各市州及扩权试点县住房城乡建设行政主管部门，各有关单位：

由成都市物业管理协会主编的《四川省住宅物业管理规程》已经我厅组织专家审查通过，现批准为四川省推荐性工程建设地方标准，编号为：DBJ51/T 057 – 2016，自2016年9月1日起在全省实施。

该标准由四川省住房和城乡建设厅负责管理，成都市物业管理协会负责技术内容解释。

四川省住房和城乡建设厅

2016年6月2日

前　言

　　根据四川省住房和城乡建设厅《关于下达四川省工程建设地方标准〈四川省住宅物业管理规程〉编制计划的通知》（川建标发〔2015〕368号）要求，成都市物业管理协会会同有关单位经广泛调查研究，认真总结国内各地实践经验，参考有关国内先进标准，并在广泛征求意见的基础上经修改完善，制定了本规程。

　　本规程共分7章，主要技术内容包括：1 总则；2 术语；3 基本规定；4 共用设施设备运行、维护和管理；5 共用部位维护和管理；6 秩序维护；7 环境维护。

　　本规程由四川省住房和城乡建设厅负责管理，成都市物业管理协会负责具体技术内容的解释。执行过程中如有意见和建议，请将意见和有关资料寄送成都市物业管理协会（地址：成都市武侯区长益路11号长益商业寓所5楼22号，邮编：610041，电话：028-61515317，电子邮箱：cdpma@sina.cn）。

　　主 编 单 位：成都市物业管理协会
　　参 编 单 位：成都市标准化研究院

四川嘉宝资产管理集团股份有限公司

成都家园经营管理有限公司

主要起草人： 巫庆敏　唐宗伟　马　聪　苟　强

李　林　张荣国　谢　蓓　刘　炯

伍三明　任　雁　郭　馨　文萌川

雷泽刚　胡沁华

主要审查人： 陈　勇　韩　江　陈杰友　郭进华

黄　林　姚　敏　田永云

目　次

Contents

1 总　则

1.0.1　为提高住宅物业管理水平和质量，维护物业管理各方主体的合法权益，制定本规程。

1.0.2　本规程适用于四川省住宅物业管理区域内，对房屋及配套的设施设备和相关场地进行维修、养护、管理，维护相关区域内的环境卫生和秩序的活动。

1.0.3　业主可以委托物业服务企业或其他管理人对建筑物及其附属设施设备实施物业管理，也可以自行管理。

1.0.4　住宅物业管理应遵循依法、依约、安全、节能、高效的原则，积极采用电子信息、智能自动、互联网等科学技术手段，提高住宅物业管理现代化水平。

1.0.5　住宅物业管理活动，除应符合本规程外，尚应符合国家现行有关标准的规定。

2 术 语

2.0.1 住宅 residential

供居住使用的建筑物及其附属设施。

2.0.2 物业管理 property management

业主通过选聘物业服务企业、其他管理人按照合同约定或者业主通过自行管理等方式,对物业管理区域内的房屋及配套的设施设备和相关场地进行维修、养护、管理,维护相关区域内的环境卫生和秩序的活动。

2.0.3 业主 owner

依法登记取得房屋的所有权人,或因买卖、赠与、继承等法律关系已经合法占有房屋,但尚未依法办理所有权登记的权利人。

2.0.4 物业使用人 user

物业的承租人、实际使用人。

2.0.5 物业服务企业 property service enterprises

依法设立、具有独立法人资格和规定条件,依据物业服务合同从事物业服务活动的企业。

2.0.6 承接查验 undertake and inspection

物业服务企业承接物业时,以保证物业管理正常实施和物业共用部位、共用设施设备正常使用为目的,对物业管理区域内物业共用部位、共用设施设备、物业管理基础资料、园林绿化工程、物业权属资料、物业管理用房和其他公共配套设施设备等进行的检查和查验。

2.0.7　共用部位　common part

住宅房屋主体承重结构部位（基础、内外承重墙体、柱、梁、楼板、屋顶等）、户外墙面、门厅、楼梯间、走廊通道等。

2.0.8　共用设施设备　common facilities

住宅物业管理区域内的上下水管道、落水管、水箱、加压水泵、发电机、电梯、变压器、配电箱柜、供电线路、照明、锅炉、暖气管道、煤气管道、消防设施、安防监控设施、空调设备、绿地、道路、路灯、沟渠、化粪池、垃圾转运设施、机动车（非机动车）停车场（库）、公益性文体设施和共用设施设备用房等，已移交专业经营单位的除外。

3 基本规定

3.1 物业服务合同

3.1.1 委托物业服务企业实施物业管理的，应签订书面的物业服务合同。

3.1.2 物业服务合同应对物业服务事项、服务标准、收费标准、物业服务用房、专项维修资金的管理与使用、合同期限以及双方的权利义务、违约责任等内容进行约定。

3.1.3 物业服务合同当事人在约定物业服务事项和服务标准时，可根据业主需求和住宅物业管理区域实际情况，引用或部分引用本规程内容。

3.2 承接查验

3.2.1 物业服务企业承接住宅物业管理项目，应按国家有关规定和物业服务合同的约定，与开发建设单位或业主委员会共同对物业共用部位、共用设施设备进行检查和验收，签订承接查验协议，明确双方的权利和义务。

3.2.2 承接查验完成时限应符合下列规定：

　　1 建设单位选聘物业服务企业实施前期物业管理的，建设单位应在物业交付使用前 15 日，完成承接查验工作。

　　2 业主、业主大会选聘物业服务企业的，应在物业服务合同生效前 15 日，完成承接查验工作；物业服务合同另有约定的，从其约定。

3.2.3 实施承接查验的物业应已按规划设计要求建成，并具备有关法规政策规定和物业买卖合同约定的条件。

3.2.4 物业承接查验应按照下列程序进行：

1 确定物业承接查验方案。

2 移交有关图纸资料。

3 查验共用部位、共用设施设备。

4 解决查验发现的问题。

5 确认现场查验结果。

6 签订物业承接查验协议。

7 办理物业交接手续。

3.2.5 承接查验工作结束后，应签订物业承接查验协议。物业承接查验协议应包括：项目名称、查验的内容、房屋和配套设施设备查验情况及存在问题、解决方法和时限、双方权利义务、违约责任以及其他有关事项的约定，并附移交的资料明细。

3.2.6 办理承接查验手续后 30 日内，物业服务企业应书面告知物业项目所在地县（市、区）房地产行政主管部门，并将承接查验文件及基础资料明细复印件送房地产行政主管部门。

3.3 物业服务场所

3.3.1 物业服务用房应按规划设计要求配置，并满足使用功能要求。

3.3.2 物业服务企业应在住宅物业管理区域内设置物业服务

中心。住宅物业管理区域规模较大的，除设置物业服务中心外，还可分区域设置服务窗口或服务点。

3.3.3 物业服务中心的设置应考虑住宅物业管理区域规模，物业服务用房条件，具有咨询、投诉、收费等服务功能，配置必要的办公设备和服务设施。

3.3.4 物业服务中心开放服务时间应不少于 8 小时，应设置24 小时服务受理电话。

3.3.5 物业服务中心醒目位置应公示下列信息：

    1 物业服务企业的营业执照、资质证书。

    2 物业服务合同主要内容，包括：物业服务事项、服务标准、收费标准等。

    3 项目主要服务人员信息，包括：姓名、岗位、职务、联系方式等。

    4 服务受理电话和服务质量投诉、监督电话。

    5 物业服务中心所提供服务的服务流程。

    6 提供特约服务的，应公示特约服务项目的服务标准及收费标准。

3.3.6 物业服务中心应备齐下列资料供业主查询：

    1 物业服务合同。

    2 临时管理规约或管理规约。

    3 物业共有部分清册。

    4 法律法规规定及物业服务合同、管理规约约定的其他应向业主公示公开的档案资料。

3.4 物业服务岗位

3.4.1 物业服务岗位的配置应考虑住宅物业管理区域规模和管理要求、物业服务事项和标准、收费标准等因素，满足物业管理工作需求。

3.4.2 物业服务人员应按照国家有关规定，取得相应的职业资格证书。

3.4.3 物业服务人员宜统一着装，佩戴工牌，相关人员信息宜在相应工作岗位或责任区域公示。

3.4.4 物业服务人员应定期接受培训。

3.5 服务受理和投诉处理

3.5.1 服务受理、投诉处理应建立相应制度。

3.5.2 服务受理应符合下列规定：

1 服务项目应有服务承诺。服务承诺宜包括服务流程、完成时限、质量效果等。

2 受理服务时应就服务承诺作说明。受理特约服务的，应就收费标准作说明。

3 未兑现服务承诺的，应及时采取补救措施。

4 服务事项的回访比例和回访方式可按照服务项目类别设定。

5 服务受理和回访应有记录，宜至少每季度统计、分析 1 次。

3.5.3 投诉处理应符合下列规定：

1 投诉应按其性质和程度分级处理。

2 接到投诉时，应明确回复时限。

3 投诉处理完结后，应进行回访。回访比例应达到 100%。

4 投诉处理及回访应有记录，宜至少每季度统计、分析 1 次。

3.6 突发事件处置

3.6.1 对住宅物业管理区域内可能发生的突发事件应制定相应的应急预案。

3.6.2 突发事件可分为自然灾害、安全事件、公共事件。

3.6.3 应急预案的编制应符合下列规定：

1 预案应根据突发事件的性质、特点和可能造成的危害，以及住宅物业管理区域的实际情况等编制。

2 预案应包括：突发事件应急管理工作的组织指挥体系与职责；应急预案启动标准；突发事件的预防与预警机制，应急处置措施及程序，事后恢复工作，人员及物资保障等。

3 预案应根据实际需要和情势变化适时修订。

3.6.4 突发事件的处置应遵循以人为本、预防为主、快速反应、依法履约的原则。

3.6.5 应急预案培训和演练应定期组织。消防应急预案演练应每年不少于 2 次，电梯安全事故、洪涝灾害应急预案演练宜每年不少于 1 次。

3.6.6 应建立突发事件报告制度。

3.6.7 应急预案演练及突发事件处置应有完整记录。

3.6.8 物业服务企业或业主应根据物业服务合同的约定投保物业管理区域公众责任险。对重要设施设备、重点部位、高风险岗位宜引入保险机制。

3.7 档案管理

3.7.1 档案管理应包括物业档案、业主档案及物业服务档案的收集、整理、保管、统计和提供利用。

3.7.2 档案管理应按"及时归档、合理分类、规范整理、安全保管、方便利用"的原则，实行集中统一管理。

3.7.3 应配置必要的档案保管场地和设施，档案保管场所应符合防火、防盗、防光、防有害气体、防潮湿、防虫、防高温、防尘等保管要求。

3.7.4 档案管理宜有专人负责。

3.7.5 应建立档案管理制度。制度宜包括：档案管理人员岗位职责，档案室管理制度，档案收集、整理和归档制度，档案保管制度，档案查阅和借阅制度，档案保密制度，档案清理销毁制度。

3.7.6 档案可按表 3.7.6 的规定分类：

表 3.7.6 档案分类

类 别	内 容
物业档案	包括物业承接查验移交的相关资料，物业维修和更新、改造过程中形成的各类技术资料
业主档案	包括业主及其家庭成员相关资料，房屋买卖、交付、装饰装修、租赁及房屋使用过程中形成的相关资料
物业服务档案	内容包括共用设施设备管理、维修和养护，共用部位维护和管理，秩序维护，环境维护等过程中形成的相关资料，服务受理、投诉处理及满意度调查等资料

3.7.7 立卷归档的资料，应充分考虑档案的保存、利用价值和有效性、完整性，归档的资料宜为原件，复制的档案应注明来源。

3.7.8 档案应规范装订，统一分类、立卷、编制目录，采用标准统一的档案装具。电子、声像等特殊载体档案，宜用符合保管要求的档案装具单独存放。

3.7.9 档案应设保管期限、保密等级，物业档案、业主档案应为秘密以上等级。

3.7.10 查阅、借阅、复制和销毁档案应履行相关手续。

3.7.11 档案应实施动态管理，及时更新和补充。

3.7.12 宜采用电子信息、互联网等科学技术，实现档案管理的现代化。

3.7.13 物业服务合同解除或者终止后，物业服务企业应与业主委员会按照法律法规和物业服务合同约定办理档案交接事宜。

3.8 业主满意度调查

3.8.1 业主满意度调查应每年不少于 1 次。

3.8.2 调查可采取自行组织或委托第三方实施的方式。

3.8.3 调查比例宜根据调查方式、交付或入住情况等设定。

3.8.4 对调查反馈的意见和建议，应及时回复。需整改的，应回复整改措施和整改结果。整改完结后，应进行回访。回访比例应达到 100%。

3.8.5 满意度调查报告应向业主公示，报告内容宜包括调查实施过程、调查结果及分析、意见建议及整改措施等。

4 共用设施设备运行、维护和管理

4.1 一般规定

4.1.1 共用设施设备宜具有出厂合格证、使用说明书、保修卡、保修协议、安装调试报告等。

4.1.2 共用设施设备的运行、维护和管理，应根据其性能、特点和工作原理等组织实施，并符合国家有关标准和技术规范的要求。

4.1.3 共用设施设备运行、维护和管理应建立相应制度，建立共用设施设备台账及特种设备安全技术档案。

4.1.4 共用设施设备维修、更新和改造计划应根据设施设备的实际使用年限、使用现状、维护情况制定。有专项维修资金的，应制定维修资金使用计划。

4.1.5 共用设施设备运行、维护和管理应制订年度计划及方案。

4.1.6 共用设施设备的运行管理、巡检测试、检验检测、维护保养、维修、更新和改造应有相应记录，记录应完整并存档。

4.1.7 共用设施设备房管理应符合下列要求：

  1 共用设施设备房管理制度、共用设施设备运行管理规程、共用设施设备维护保养作业规程、共用设施设备突发事件应急预案及相关证件应张贴或悬挂在显著位置。

2 宜配置工具箱（柜），作业工具应整齐摆放或悬挂。

3 应按相关规定在明显易取位置配备消防灭火器材，定期检查器材完好情况。严禁存放易燃、易爆、危险物品。

4 共用设施设备房内应整洁有序，保持清洁，无杂物，无积水，不得乱拉乱接线路。

5 共用设施设备房应常闭落锁；非工作人员未经允许不得进入；人员进入应登记。

6 应配置温湿度计和应急照明，其温度、湿度应符合相关规定。

7 应有防潮、防汛、通风及防止小动物进入的设施和措施。

4.1.8 共用设施设备标识的设置和管理应符合下列要求：

1 共用设施设备房标识应设置在门口或功能区的主要出入口，宜注明共用设施设备房的名称、功能以及共用设施设备房内的主要共用设施设备和管理责任人相关信息等。

2 共用设施设备卡应设置在共用设施设备的显著位置，宜注明共用设施设备的名称、编号、生产厂家、启用时间、管理责任人以及型号、规格、功率等主要技术参数等信息。

3 共用设施设备运行状态标识应根据共用设施设备的运行状态，悬挂或张贴在相应共用设施设备上，主要包括：运行、备用、停用、开启、关闭、检修及严禁合闸等。

4 维修养护作业时，应设置作业标识。

5 对可能造成危害的共用设施设备及其共用设施设备

房，应在显著位置设置禁止标识、安全提示或警示标志。

6 标识宜使用统一的材质和样式，出现破损或无法辨识的，应及时更换。

4.1.9 作业工具的管理应符合下列要求：

1 高压验电器、绝缘棒、绝缘靴、绝缘手套等作业工具应按规定定期检验。

2 检验标识应张贴在工具上。

3 未经定期检验或检验不合格的设备及作业工具，不得使用。

4 作业工具出现残损应立即更换。

4.1.10 共用设施设备运行、维护和管理作业应遵守相关安全操作规程。

4.1.11 共用设施设备发生故障或不能正常使用的，应立即停止使用，设置警戒，并向业主、物业使用人说明。

4.1.12 在发生雷暴、强降水、大风等恶劣天气前后，应组织共用设施设备专项检查。

4.1.13 应对共用设施设备的能耗进行统计、分析，建立节能降耗评估考核机制。在保证共用设施设备设计性能和可靠运行的前提下，宜采用管理和技术手段降低能耗。

4.1.14 有中央空调系统或其他智能设施设备的，其运行、维护和管理应符合国家有关标准和技术规范的要求。

4.2 变配电

4.2.1 变配电设施设备房管理除应符合本规程 4.1.7 的规定外，还应符合下列要求：

1 应在人员操作区域铺设绝缘胶垫。绝缘胶垫完好无损。

2 共用设施设备房内环境温度不宜高于 40 ℃，相对湿度不宜高于 80%。

3 电缆桥架、托盘、风管的穿墙洞、穿楼层板洞应封堵严实。

4.2.2 变配电设备运行管理应符合下列要求：

1 配电柜内电气元件应表面无积尘，绝缘应无变色老化，各开关应发热正常，无异常声响，三相电流应基本平衡。

2 高低压支撑绝缘瓷瓶和套管应无闪络痕迹，无异响异味。压接头表面应无发热灼烧和氧化，二次接线端子排压接应良好。

3 低压无功补偿电容应无膨胀变形和漏液，保险、开关压接头表面应无灼烧变色。

4 变压器运行声音，三相电流、电压，保护装置应无异常、无异味，变压器任何一相的运行温度不应超过铭牌上规定的最高上限温度，散热风扇应工况良好、变压器温控仪应无超温报警，高低压侧检修门应闭锁紧密。

5 电缆外护套、绝缘层应无变形、无破损，电缆应无异响异味，电缆接头应无松动、打火、发热、变色。

　　6　电气线路应敷设规范，绝缘良好，接地线无松脱，端头压接牢固。

4.2.3　变配电设备巡查作业应符合下列要求：

　　1　变配电设施设备房及高低压开关柜、变压器、配电柜、电容补偿柜巡查不宜低于每 6 小时 1 次；用电峰段应增加巡查频次。重点检查有无温升异常、放电、异味等现象。

　　2　柴油发电机房、楼层及总平配电箱、电气竖井等应定期巡查。

　　3　巡查时，应对变配电设备运行数据进行监控和抄录，包括电压、电流、功率因数、开关位置及分合指示、故障报警指示、有功用量、无功用量等。

　　4　发现设备运行参数有异常，应立即查找原因进行处理，严禁带故障运行。

4.2.4　变配电设备维护保养应符合下列要求：

　　1　变配电设备应定期维护保养。

　　2　高低压配电柜进行维护保养作业前，应清点工器具并登记编号。作业完毕应清点无误后，方可进行送电操作。严禁遗留工具在作业面。

　　3　因变配电系统检修等原因需要停电时，应提前 24 小时通知相关业主、物业使用人。因特殊情况突然停电，应做好解释工作。

4 进行停送电操作前必须填写操作票，操作时应符合下列规定：

1）操作高压设备和挂接地线时，应戴绝缘手套、穿绝缘靴，操作低压设备时，应在绝缘垫上作业；

2）严禁带电作业；

3）分、合闸时，应一人操作一人监护；

4）严禁约时送电。

5 停电操作应遵循"先断负荷侧，再断电源侧；先断断路器，再断隔离开关"的原则，送电操作应遵循"先合电源侧，再合负荷侧；先合隔离开关，再合断路器"的原则，严禁带负荷分合隔离开关。

4.2.5 柴油发电机运行、维护和管理应符合下列规定：

1 柴油发电机与储油容器之间的输油管道应采用金属硬管，储油间总存储量不应超过 8 小时的需要量，且不宜低于 4 小时的需要量。

2 柴油发电机蓄电池电压不应低于 24 V，柴油发电机润滑机油应油位正常、无变质，冷却水箱应水位正常，柴油发电机组应定期清洁、维护，机房地面无油渍、水渍。

3 空载试机宜每半月 1 次，试机时间宜每次 10～15 分钟；带负荷试机宜每半年 1 次，运行时间宜每次 15～30 分钟。

4 柴油发电机运行时，应监控运行电流、电压、频率、转速、油温、油压、水温等各项参数，观察有无异常响声和抖动，条件允许时通过观察排出烟气形状判断燃烧是否充分。

5 柴油发电机出现超载时，应立即调整柴油发电机所带负荷，但应确保消防设备的供电。

6 出现"飞车"时，应立即按下急停按钮，并关闭给油管路，停止燃油供应。必要时可封闭进气口，隔绝空气进入机组。

7 储油间等易燃易爆场所应使用防爆灯具及开关。

8 柴油发电机的维护保养应符合使用说明书要求，宜由生产厂家或专业单位实施。

4.3 弱电系统

4.3.1 弱电设施设备房管理除应符合本规程 **4.1.7** 的规定外，还应符合下列规定：

1 应铺设防静电地板。

2 环境温度不宜高于 35 ℃，相对湿度不宜高于 75%。

3 电缆桥架、托盘、风管的穿墙洞应封堵严实。

4.3.2 弱电系统运行管理应符合下列要求：

1 各系统的电脑主机不得安装与系统无关的软件，不得进行与系统无关的操作。

2 视频监控系统画面显示完整、清晰，云台、变焦等控制正常。

3 周界防范报警系统应 24 小时布防；测试报警显示应正常；红外对射、电子围栏等应无异物遮挡；支架应安装牢固。

4 停车系统应图像对比显示清晰；数据读取录入正常；出卡、刷卡、道闸起落杆正常。

5 门禁对讲系统应功能正常，声音、图像清晰。消防逃生通道的门禁对讲系统应与消防报警系统联动。

6 背景音乐系统的各设备应运行正常。

7 弱电系统的后备电源及 UPS 电源应功能完好。

8 各系统的防雷接地应符合规定，接地点应牢固可靠。

4.3.3 弱电系统应定期巡查，并作测试、调校及数据备份。

4.3.4 巡查中发现的问题故障，应及时处理。

4.3.5 弱电系统维护保养可委托专业维护保养单位实施。

4.4 给排水系统

4.4.1 给排水设施设备房管理除应符合本规程 4.1.7 的规定外，还应符合下列要求：

1 设备管道应标注介质流向。

2 二次供水卫生许可证、操作人员健康证应上墙公示，且在有效期内。

3 生活水箱盖应上锁，且密封严实。

4 生活水箱通气管和溢水管应加装耐腐蚀网罩。

4.4.2 给排水设施设备运行管理应符合下列要求：

1 水泵、管道、阀门等接口应连接密实。

2 电压表、电流表应指示正常，控制柜内各元器件及指示灯应正常。

3 手盘水泵轴应转动灵活、无阻滞。

4 水泵应启停正常，无异常声响，出水压力正常。

5 各管道接口无跑、冒、滴、漏。

6 各楼层减压阀应前后水压正常，满足用水需求。

4.4.3 给排水设施设备巡查作业应符合下列规定：

1 泵房及水泵、控制柜，生活水箱，消防水箱或水池应每日巡查 1 次。

2 各楼层减压阀，主供水管闸阀，集水坑及排水泵，雨水管路系统、雨水井、污水井、污水管、化粪池宜每月巡查 1 次。

3 巡查时，应对给排水设施设备运行数据进行监控和抄录，包括：水压、水位、电压、电流等。

4 发现设备运行参数有异常或设备运行故障，应立即查找原因进行处理。

5 雨季及汛期宜适当增加巡查频次。雨季及汛期前宜对给排水设施设备作全面检查。

6 雷雨天气或洪涝灾害时，应重点监视集水坑及排水泵，雨水管路系统，巡查应不低于每两小时 1 次。

4.4.4 给排水设施设备维护保养应符合下列要求：

1 给排水设施设备应定期维护保养。

2 有水池、水箱的二次供水设施应按规定清洗、消毒，水质应符合国家标准及卫生规范。

4.5 电 梯

4.5.1 投入使用的电梯应取得许可生产并经检验合格,电梯投入使用前或者投入使用后 30 日内应办理使用登记手续。

4.5.2 电梯检验应符合下列规定:

1 在用电梯定期检验周期为一年。

2 电梯定期检验申请应当在《电梯使用标志》有效期届满前 1 个月向电梯检验检测机构提出。

3 未经定期检验或者检验不合格的,不得使用。

4.5.3 电梯专用钥匙应由专人保管,严禁乱拿乱放。

4.5.4 电梯标识设置和管理除应符合本规程 4.1.8 的规定外,还应在电梯轿厢内或者出入口的显著位置张贴电梯使用登记标志、定期检验标志、安全注意事项、警示标志、应急救援电话号码、电梯使用单位和维护保养单位的相关信息等。

4.5.5 电梯运行管理应符合下列规定:

1 机房内环境温度不宜高于 40 ℃,相对湿度不宜高于 80%。

2 电梯轿厢应保持干净、整洁,照明、通风或空调等设施应满足使用要求。

3 开(关)门、楼层、报警等各类功能键应灵敏有效。

4 报警和对讲系统应功能良好,对讲语音清晰。

5 电梯运行时供电频率、电压、电流应符合设备运行要求，电压波动幅度不大于±7%。电梯断相或错相保护装置、短路或过载保护装置应功能正常、动作可靠。

6 限速器、安全钳、缓冲器、门锁装置均应与其型式试验证书相符。

7 上、下极限开关必须是安全触点且动作可靠，在轿厢或对重接触缓冲器之前必须动作，且缓冲器完全压缩时，保持动作状态。

8 轿顶、机房、滑轮间、底坑的停止装置的动作正常。

9 机房噪声、轿厢内运行噪声、层轿门开关过程的噪声、平层准确度均应符合《电梯技术条件》GB 10058 的规定。

4.5.6 电梯机房、轿厢应每日巡查 1 次。发现问题应立即通知电梯维护保养单位处理。

4.5.7 电梯维护保养应符合下列规定：

1 电梯的维护保养应由电梯制造单位或者依法取得相应行政许可的安装、改造、修理单位实施。

2 物业服务企业或业主应与电梯维护保养单位签订电梯维护保养合同。电梯维护保养合同应包括下列内容：

1）双方在电梯维护保养中的权利、义务和责任；

2）电梯维护保养的施工性质、内容、执行的标准；

3）电梯维护保养起止日期和维护保养的频次；

4）协助编制电梯突发事件和安全事故应急处置预案的义务；

5）故障报修和应急救援抵达时间。

3 电梯的维护保养应至少每 15 日进行 1 次，并严格执行国家安全技术规范的要求。

4 物业服务企业或业主应要求电梯维护保养单位按年度制定电梯维护保养计划和方案，并应按电梯维护保养合同约定对维护保养作业进行监督检查；维护保养作业结束后，应要求电梯维护保养单位出具电梯维护保养记录，并对维护保养内容和质量作验收确认，相关记录应存档。

4.6 消防系统

4.6.1 消防控制室、消防泵房、风机房管理除应符合本规程 4.1.7 的规定外，还应有消防电话。消防电话应功能正常，语音清晰。

4.6.2 消防控制室应配备消防水带、枪头、消火栓开阀工具、消防铲、消防斧、防烟面具、灭火器、电筒、雨衣、雨靴等。

4.6.3 消防系统巡查测试作业应符合下列规定：

1 消防控制室、消防水泵房、风机房及火灾报警控制器、联动控制设备、火灾探测器、手动报警按钮、防排烟设备、防火分隔设施、灭火器、消火栓、消防应急照明、消防备用电源应定期巡查。

2 火灾探测器、声光报警、手动报警等设备应每季度抽样检测一次，抽样比例不宜低于总数的 25%。

3 自动消防设施全面检测应至少每年进行 1 次。检测内容应包括：消防广播，现场手动报警，烟、温感探测器测试，电梯迫降，防火卷帘门迫降，正压风机和排烟风机运行，空调机电源及非消防电源强切，末端试水启泵等。

4 发现隐患或故障应立即处理。

4.6.4 消防系统维护保养应符合下列要求：

1 自动消防设施维护保养应委托具有相应资质的单位和人员实施。

2 物业服务企业或业主应与自动消防设施维护保养单位签订自动消防设施维护保养合同。自动消防设施维护保养合同应包括下列内容：

1）双方在自动消防设施维护保养中的权利、义务和责任；

2）自动消防设施维护保养的施工性质、内容、执行的标准；

3）自动消防设施维护保养起止日期和维护保养的频次；

4）故障报修和应急救援抵达时间。

3 维护保养项目、内容与要求应符合自动消防设施维护保养合同或相关技术规范的要求。

    4 物业服务企业或业主应要求自动消防设施维护保养单位按年度制订自动消防设施维护保养计划和方案,并按自动消防设施维护保养合同约定对维护保养作业进行监督检查;维护保养作业结束后,应要求自动消防设施维护保养单位出具维护保养报告,并对维护保养内容和质量作验收确认,相关记录应存档。

5 共用部位维护和管理

5.1 一般规定

5.1.1 共用部位维护和管理，应根据共用部位的不同功能、特点、使用年限和使用现状等组织实施，应制订共用部位维护和管理制度，建立共用部位台账。

5.1.2 共用部位维修、更新和改造计划应根据共用部位的不同类别、实际使用年限和使用现状制订。有专项维修资金的，应制定专项维修资金使用计划。

5.1.3 共用部位的维护管理应制订年度计划和方案。

5.1.4 共用部位的使用管理、巡查、维护保养、维修、更新和改造应有相应记录，记录应完整并存档。

5.1.5 共用部位标识的设置和管理应符合下列要求：

    1 住宅物业管理区域主要出入口的显著位置宜设置总平面图。

    2 各单元门庭、楼道、电梯前室应设置相应楼栋、单元、楼层标识。

    3 道路及路口应设置导视指引标识。

    4 配套设施和相关场地的显著位置应按相关规范设置导视指引标识，场地或设施使用说明、安全须知、注意事项等。

    5 单元门庭、电梯前室、出入口、路口及宣传栏、公告栏宜设置文明劝导、安全防范等宣传标识。

    6 对可能造成危害的区域、设施和场地及人员密集场所，应在显著位置设置禁止标识、安全提示或警示标志。

7 维修养护作业时，应设置作业标识。

8 标识宜使用统一的材质和样式。出现破损或无法辨识的，应及时更换。

5.1.6 有无障碍设施的，应标识规范醒目、功能完好、使用正常。

5.1.7 在发生雷暴、强降水、大风等恶劣天气前后，应组织共用部位专项检查，及时排除安全隐患。

5.1.8 共用部位出现安全隐患，不能及时排除的，应设置警戒，并书面向业主、物业使用人说明情况。

5.1.9 共用部位的维护应符合下列要求：

1 应按照工程建设强制性标准和有关技术标准实施。

2 采用的材料和工艺，应保持与原貌整体协调。

3 宜对施工作业区域进行打围，作必要的成品保护。

4 不得变更原设计标准、规范，增加房屋使用荷载。确需变更的，应按有关法律法规规定办理手续。

5 建筑垃圾应按相关规定及时清运。

6 需使用专项维修资金的，应按相关法律法规规定办理。

7 委托专业单位维修养护的，应按委托合同及相关技术规范和质量标准进行验收。

5.1.10 因维修或者公共利益需要，确需临时占用、挖掘道路、场地的，应当征得业主委员会或相关业主的同意，并在约定期限内恢复原状。

5.2 房屋本体

5.2.1 房屋本体的巡查应符合下列规定：

1 屋面应至少每 15 日巡查 1 次。

2 门、窗、锁、楼梯间和走廊通道应至少每月巡查 1 次。

3 墙面、墙体勒脚应至少每季度巡查 1 次。

4 房屋的基础、墙体、梁、柱、板等结构部件应至少每年巡查 1 次。

5.2.2 发现房屋本体有不符合管理要求的，应及时组织进行维修养护。

5.2.3 房屋发生蚁害的，应立即告知业主及时委托白蚁防治单位进行灭治，并予以配合。

5.2.4 发现房屋地基基础、墙体或者其他承重构件有明显下沉、裂缝、变形、腐蚀等危险症状的，应立即告知业主委托房屋安全鉴定机构实施鉴定。危险房屋在治理期间或者恢复正常使用前，应设置防止他人进入的围栏或者明显的危险房屋标志。

5.3 配套设施及相关场地

5.3.1 配套设施及相关场地的巡查应符合下列规定：

1 道路、露天停车场地、大门应至少每日巡查 1 次。

2 休闲文化广场、健身运动场地、儿童娱乐场地、社区活动中心、人造景观等宜至少每日巡查 1 次。

3 围墙、停车棚、岗亭、宣传栏、垃圾收集站应至少每周巡查 1 次。

4 排水沟、渠、池、污水井、化粪池及其他设施和场地应至少每月巡查 1 次。

5 发现配套设施有不符合管理要求的，应及时组织进行维修养护。

5.3.2 配套设施及相关场地的维护除应符合本规程 5.1.9 的规定外，还应符合下列规定：

1 金属、木质构件应定期作防腐防锈、加固处理。

2 排水沟渠、池、污水井、化粪池宜至少每年清掏 1 次。

5.3.3 建筑物、构筑物、场所和设施安装的防雷装置应当每年检测一次。

5.3.4 有机械式立体车库的，其运行、维护和管理应符合国家有关标准和技术规范的要求。

5.4 房屋装饰装修管理

5.4.1 装修人，或者装修人和装饰装修企业，应与物业服务企业签订住宅室内装饰装修管理服务协议。协议内容应符合相关规定。

5.4.2 物业服务企业应按住宅室内装饰装修管理服务协议实施管理。

5.4.3 物业服务企业应建立房屋装饰装修管理服务制度和装饰装修管理服务档案。

5.4.4 房屋装饰装修管理应符合下列要求：

1 房屋装饰装修前，应办理装饰装修登记，并签订装饰装修管理服务协议。

2 住宅室内装饰装修工程的禁止行为和注意事项应书面告知装修人和装饰装修企业。

3 装饰装修工程的实施内容有涉及拆改房屋结构，增加夹层及其他可能影响房屋整体性、抗震性和结构安全的，应要求装修人或装饰装修企业出具政府相关部门的批准文件。

　　4　房屋的外立面设施、防护窗的安装宜作统一要求。

　　5　集中装修期间，宜设置统一的临时建筑垃圾堆放点，建筑垃圾的清运应符合《城市建筑垃圾管理规定》的相关要求。

　　6　集中装修期间，宜对石材地面、墙面等共用部位，电梯等共用设施设备进行必要地成品保护。

　　7　施工作业人员进出应登记，宜办理出入证。

5.4.5　房屋装饰装修的巡查应符合下列要求：

　　1　房屋装饰装修施工现场应进行巡查，巡查频次应根据施工进度和施工内容设定。

　　2　巡查内容应包括：

　　　　1）核对装饰装修工程实施内容；

　　　　2）检查施工作业人员进入登记或持证情况；

　　　　3）检查施工时间是否符合约定；

　　　　4）检查施工现场灭火装置配置情况；

　　　　5）检查共用部位、共用设施设备的成品保护情况；

　　　　6）检查建筑垃圾堆放和清运情况。

　　3　发现不符合国家相关规定和装饰装修管理服务协议相关约定的行为，应立即制止；已造成实施后果或者拒不改正的，应及时报告有关部门。

5.4.6　装饰装修工程竣工后，应按照住宅室内装饰装修管理服务协议进行现场检查，对违反法律、法规和装饰装修管理服务协议的，应要求装修人和装饰装修企业纠正，并做好记录。

6 秩序维护

6.1 一般规定

6.1.1 秩序维护应遵循预防为主、群防群治的原则，不得采取违反国家有关法律法规、物业服务合同和管理规约的行为和措施。

6.1.2 物业服务企业及其秩序维护人员、业主、物业使用人应积极配合公安机关开展安全防范相关工作。

6.1.3 物业服务企业应制定秩序维护相关规章制度，保持相关记录完整。

6.1.4 秩序维护人员除应符合本规程第 3.4 节的规定外，还应符合下列规定：

    1 秩序维护人员的聘用应符合国家有关法律法规规定。

    2 秩序维护人员的服装及服务标识应与人民解放军、人民武装警察和人民警察、工商税务等行政执法机关以及人民法院、人民检察院工作人员的制式制服、标志服饰有明显区别。

    3 对秩序维护人员的相关法律法规、专业知识和技能培训应每年不少于 1 次。

6.1.5 投入使用的监控、周界防范报警、消防等安全防范设施设备应符合有关产品质量要求，安装应符合国家有关标准和技术规范的要求。

6.1.6 安全防范设施设备应定期巡查，出现故障不能及时修复，或需使用专项维修资金的，应向业主、物业使用人说明情况，并加强防范措施。

6.1.7 秩序维护相关岗位及秩序维护人员宜配备必要的通信、交通及防护装备或器械。监控室、消防控制室应配备报警电话，门岗宜配备防暴恐装备或器械。

6.1.8 秩序维护标识的设置和管理应符合下列要求：

1 人员、车辆出入口应设置查验证件或登记的提示标识。

2 道路和停车场及出入口应按规范设置交通信号标识。

3 各楼栋、通道应按规范设置紧急疏散指示标识。

4 安全防范重点部位和重要区域应设置禁止标识、安全提示或警示标志。

5 标识宜使用统一的材质和样式，出现破损或无法辨识的，应及时更换。

6.2 公共秩序维护

6.2.1 出入口管理应符合下列规定：

1 主出入口应 24 小时值守。

2 人员、车辆进出应持卡、凭证或通过电子信息技术识别。无卡、无证或无法识别的，应作询问或登记。

3 大宗物品搬离应作核实和登记。

4 发现携带易燃、易爆、剧毒等危险品进入住宅物业管理区域的，应及时制止。

5 有智能门禁的，应保持常闭状态。

6.2.2 巡逻应符合下列规定：

1 应规划设定巡逻路线图，明确巡逻的重点部位。

2 巡逻的重点部位设置应考虑住宅物业管理区域规划布局，安全防范设施设备的覆盖范围和使用情况，人员及车辆流动情况等。

3 重点部位巡逻每日应不少于 4 次。

4 巡逻发现可疑人员、车辆或其他可疑情况，应作询问和监控，并作记录。

6.2.3 监控室管理应符合下列规定：

1 监控室的设备应实行每日 24 小时监控。监控室应 24 小时值守。

2 监控室值班人员应每日检查前端监视设备、传输设备、后端存储、控制及显示设备的运行状态。

3 监控室值班、监控异常情况及处置、监控设施的运行管理、故障报修和维修应有相应记录。记录应完整并存档。

4 发现可疑人员或车辆、报警求助信号及其他异常情况，应立即通知秩序维护人员到场查看确认。

5 监控影像资料、报警记录，应至少留存 30 日备查，不得删改或者扩散。

6 前端监视设备、显示设备应根据时间及监控重点作适时调整。

6.2.4 发现违法犯罪行为，应立即劝阻和制止；制止无效的，应当立即报警，同时采取措施保护现场。

6.3 交通秩序维护

6.3.1 停车场应配置消防灭火器材，非机动车停车场宜配置充电装置。

6.3.2 机动车、非机动车及行人通行宜实行分流管理。

6.3.3 车辆停放及停车场管理应符合下列要求：

　　1 车辆进出应有记录。进出的车辆有异常情况的，应告知车主，并记录。

　　2 车辆进出高峰期宜设专人疏导车辆。

　　3 超限、超载车辆，应禁止进入。

　　4 车辆应规范有序停放，车头宜朝向一致。

　　5 停车场应定期巡查。发现车辆油、气、水滴漏，未关车门车窗等异常情况，应及时联系车主，并作记录。

　　6 发现占用或阻塞消防通道，影响其他车辆和人员正常通行，占用他人车位的，应及时劝阻。

6.4 消防安全管理

6.4.1 物业服务企业应当按照物业服务合同，在委托管理的范围内履行消防安全管理职责，提供消防安全防范服务，并依法履行消防安全义务。

6.4.2 物业服务企业应制定消防安全管理制度，定期开展消防安全宣传教育和消防安全检查。

6.4.3 消防安全管理应符合下列要求：

　　1 消防设施、器材应定期维护保养，确保完好有效、功能正常。

2 火灾自动报警系统和灭火系统应处于正常工作状态。

3 高位消防水箱、消防水池、气压水罐等消防储水设施应水量充足；消防泵出水管阀门、自动喷水灭火系统管道上的阀门应处于常开状态；消防水泵、排烟风机、防火卷帘等消防用电设备的配电柜开关应处于自动或接通位置。

4 疏散通道、安全出口、消防车通道必须保持畅通。

6.4.4 消防安全检查应符合下列规定：

1 消防安全检查应至少每季度 1 次；消防安全管理重点部位检查宜至少每周 1 次。

2 消防安全管理重点部位的设置应考虑房屋用途、建筑材料、明火作业、消防设施配置、人员及车辆密集度等因素。

3 检查发现火灾隐患的，应立即书面要求相关责任单位和个人整改，消除火灾隐患。

4 发现妨害公共消防安全的行为应予以制止；对不听制止的，应及时向公安机关消防机构或者公安派出所报告。

6.4.5 消防控制室管理应符合下列规定：

1 消防控制室应 24 小时值守。

2 消防控制室值班人员应每日检查火灾报警控制器的自检、消音、复位功能以及主备电源切换功能。

3 消防报警、消防控制室值班，以及消防设施的运行管理、故障报修和维修应有相应记录，记录应完整并存档。

4 发生消防报警信号时，应立即通知秩序维护人员到场查看确认。经确认为火灾的，应立即报告公安机关消防机构，并启动应急预案。

7 环境维护

7.1 一般规定

7.1.1 环境维护应包括共用部位的清洁、绿化养护、生活垃圾清运和消杀。

7.1.2 环境维护应根据共用部位的不同位置、使用特点和频率、具体材质和季节等因素组织实施。

7.1.3 物业服务企业应制定环境维护管理制度，建立环卫设施、绿化植物台账。

7.1.4 共用部位清洁、绿化养护、消杀作业，以及消杀和清洁药品用剂采购、领取、使用及回收应有记录，记录应完整并存档。

7.1.5 环境维护作业应符合下列要求：

    1 作业宜避开人员、车辆流动高峰期。

    2 必要时，应在作业区域设置作业标识。

    3 高处作业时，应在相关区域设置安全提示或警示标志。

    4 使用药品用剂的，应有防滴溅、防污染措施；使用腐蚀性材料的，应对作业区域及其周边作成品保护；作业人员应有防护措施。

7.2 共用部位清洁

7.2.1 共用部位清洁作业频次可按表 7.2.1 的规定：

表 7.2.1 共用部位清洁作业频次

周 期	清洁作业内容
每 日	1 道路、广场、行人路面、停车场清扫； 2 电梯、电梯前室、楼道及各楼层通道清扫； 3 单元门厅、大堂清洁及物品清洁； 4 草坪、花坛、绿化带垃圾清理； 5 游乐设施、健身器材及相关场地清洁
每 周	1 装饰物、标识标牌清洁； 2 电梯前室、楼道及各楼层通道拖洗； 3 楼梯扶手、开关、信报箱等清洁； 4 水池、水景漂浮物打捞
每 月	1 消火栓、灭火器及灭火箱清洁； 2 玻璃门窗清洁
每季度	1 天台、雨蓬清洁，排水口疏通； 2 道路、广场、行人路面冲洗； 3 照明灯具清洁
每半年	1 水池、水景池底清洁； 2 雨、污水管道疏淘
每年	石材护理

7.2.2 清洁作业需移动物品的，作业完毕后，应立即将物品恢复原位。

7.2.3 清洁作业完毕后，应及时清理作业工具。作业工具应摆放整齐、隐蔽，不得占用楼梯通道、设备管道井及其他公共区域。

7.2.4 高处清洁作业时，必须装备安全防护器具，并有专人监护。

7.2.5 清洁电器、带电设施或场地的，应先切断电源。

7.2.6 发生雷暴、强降水、大风等气候及法定节假日、公众群体活动时，应增加共用部位清洁频次。

7.3 绿化维护

7.3.1 绿化养护应符合下列要求：

    1 乔灌木应保持美观，无枯枝叶。

    2 绿篱应保持表面平整，轮廓清晰。

    3 草坪应均匀平整，无黄土裸露。

7.3.2 浇灌作业应符合下列要求：

    1 浇灌作业应考虑植物的特性、长势以及生长环境、气候等因素。

    2 浇灌应浇足浇透。

    3 不宜在盛夏、早秋的中午暴晒下浇灌。

    4 耐旱的植物应减少浇水量。

7.3.3 修剪整形作业应符合下列要求：

    1 修剪作业应在不违背树木的生长特征和自然分枝规律前提下，充分考虑树木与生长环境的关系，并根据树龄及长势强弱实施。

    2 落叶树木或有明显休眠期的植物，宜在冬季或休眠期修剪；常绿树木或无明显休眠期的植物，宜在夏秋季修剪。修剪作业宜在晴天、无露水时实施。

3 应根据乔、灌木的生长情况及气候采取相应加固措施。

4 绿化作业产生的垃圾应及时清理。

7.3.4 施肥作业应符合下列要求：

1 肥料宜以有机肥料为主，化学肥料为辅。

2 施肥方法选择应考虑土质、肥料用法、植物特性等因素。

3 施肥应均匀撒播。

4 作业完毕，应及时回收余料。

7.3.5 病虫害防治作业应符合下列要求：

1 应采用生物、物理方法防治病虫害，严禁使用高毒性或强刺激性农药。

2 防治施药前，应书面告知业主、物业使用人做好防护措施。

3 应及时清理带病虫的落叶、杂草等，消灭病源、虫源，防止病虫扩散、蔓延。

4 发现危险性病虫害，应及时向政府相关部门报告。

7.4 垃圾清运及消杀

7.4.1 生活垃圾清运应符合下列规定：

1 垃圾宜实行分类。

2 垃圾清运宜至少每日 1 次。

3 垃圾箱（桶）内的垃圾宜不超过容器容量的 2/3。

4 垃圾宜袋装清运。

5 垃圾清运应尽量避开人员、车辆较多的路线和时间。

7.4.2 消杀作业应符合下列规定：

1 消杀作业频次可按照表 7.4.2 的规定确定。

2 消杀药剂应单独存放，由专人负责管理。

3 使用药剂时，应按规定比例配制，使用专业施药、盛药器具或喷洒装置。

4 消杀作业前，应提前告知业主、物业使用人，并在相关作业区域放置提示或警示标志。

5 作业人员应做好防护措施。宜两人共同作业，一人作业、一人监护。

6 作业完毕后，应及时回收剩余药剂。

表 7.4.2　消杀作业频次

周　期	消杀作业内容
每　日	电梯轿厢及各功能按钮、公共通道栏杆扶手、垃圾收集站消毒
每　周	游乐设施、健身器材、垃圾箱（桶）、公共卫生间消毒灭害
每　月	垃圾收集站周边、垃圾箱（桶）放置区域周边冲洗、消毒灭害
每季度	雨污水管井口消毒灭害
每半年	灭鼠，化粪池及周边消毒灭害
适　时	根据气候实施蚊、蝇、蟑螂灭杀

本规程用词说明

1 为便于在执行本规程条文时区别对待，对要求严格程度不同的用词说明如下：

1）表示很严格，非这样做不可的：
正面词采用"必须"，反面词采用"严禁"；

2）表示严格，在正常情况下均应这样做的：
正面词采用"应"，反面词采用"不应"或"不得"；

3）表示允许稍有选择，在条件许可时首先应这样做的：
正面词采用"宜"，反面词采用"不宜"；

4）表示有选择，在一定条件下可以这样做的，采用"可"。

2 规程中指明应按其他有关标准执行时，写法为"应符合……的规定（或要求）"或"应按……执行"。

引用标准名录

1 《高层民用建筑防火规范》GB 50045

2 《电气装置安装工程电梯电气装置施工及验收规范》GB 50182

3 《安全防范工程技术规范》GB 50348

4 《电梯技术条件》GB 10058

5 《电力安全工作规程》GB 26860

6 《消防控制室通用技术要求》GA 767

7 《建筑消防设施的维护管理》GA 587

8 《电力安全工器具预防性试验规程》DL/T 1476

四川省工程建设地方标准

四川省住宅物业管理规程

Specification for Residential Property Management
in Sichuan Province

DBJ51/T 057 - 2016

条 文 说 明

制定说明

《四川省住宅物业管理规程》（DBJ51/T 057 – 2016），经四川省住房和城乡建设厅 2016 年 6 月 2 日以川建标发〔2016〕483 号公告批准发布。

为便于广大业主以及物业服务机构、开发建设单位、房地产行政主管部门等单位有关人员在使用本规程时能准确理解和执行条文规定，《四川省住宅物业管理规程》编制组按章、节、条顺序编制了本规程的条文说明，对条文规定的目的、依据以及执行中需注意的有关事项进行了说明。但是，本条文说明不具备与规程正文同等的法律效力，仅供使用者作为理解和把握规程规定的参考。

目　次

1 总　则

1.0.1　住宅是广大人民群众生活居住的场所，住宅物业管理不仅与广大人民群众的生产生活息息相关，同时也是城市管理和社会治理的重要方面，更关系到社会的和谐稳定。制订本规程的目的是为了提高住宅物业管理水平和质量，维护物业管理各方主体的合法权益。

1.0.2　本规程的适用范围。本规程主要对业主委托物业服务企业实施物业管理的作了具体规定。委托其他管理人实施物业管理或者业主自行管理的，可参照本规程关于物业服务企业的相关规定执行。

1.0.3　《物权法》第八十一条规定：业主可以自行管理建筑物及其附属设施，也可以委托物业服务企业或者其他管理人管理。

1.0.4　随着住宅建设水平日益提高和业主需求日益多元化，住宅的物业管理要求也越来越高。采用电子信息、智能自动、互联网等科学技术手段，提高住宅物业管理现代化水平，是住宅物业管理的发展趋势和方向。

1.0.5　住宅物业管理活动涉及的专业较多，有些已经有相应的法律法规和标准，因此在执行本规程时，尚应符合国家现行有关标准的规定。

3 基本规定

3.1 物业服务合同

3.1.1 物业服务合同是业主委托物业服务企业实施物业管理的重要基础，也是业主、物业服务企业开展物业管理工作的重要依据。

3.1.2 规定了物业服务合同应约定的内容。

3.1.3 因住宅的规划建设、附属设施设备的配置以及业主的需求等方面的差异，不同的住宅物业管理区域，其物业服务的事项和服务标准也有所不同。因此，物业服务合同当事人在约定物业服务事项和服务标准时，可以引用或部分引用本规程内容，以适应业主需求和住宅物业管理区域实际情况。

3.2 承接查验

3.2.1 承接查验制度是我国物业管理的基本制度之一，其目的是确保物业管理活动正常开展和物业共用部位、共用设施设备正常使用，维护业主、物业服务企业的合法权益。《四川省物业管理条例》第四十条规定：物业服务企业承接物业服务时，应当对物业管理区域内共有部分及其相应的物业档案进行查验，签订承接查验协议，明确双方的权利与义务。发现共有部分与竣工图及其规划设计审批文件不符或者有质量安全问题的，应当书面告知建设单位，并按照有关规定处理。

3.2.2 承接查验分为两种情形：一是建设单位选聘物业服务企业实施前期物业管理的承接查验；二是业主、业主大会选聘物业服务企业实施物业管理的承接查验。

3.2.3 规定了承接查验应具备的条件。目的是确保移交的物业权属明确、资料完整、质量合格、功能完备、配套齐全。根据住房和城乡建设部《物业承接查验办法》（建房〔2010〕165号）第十一条规定，实施承接查验的物业，应当具备以下条件：

1 建设工程竣工验收合格，取得规划、消防、环保等主管部门出具的认可或者准许使用文件，并经建设行政主管部门备案。

2 供水、排水、供电、供气、供热、通信、公共照明、有线电视等市政公用设施设备按规划设计要求建成，供水、供电、供气、供热已安装独立计量表具。

3 教育、邮政、医疗卫生、文化体育、环卫、社区服务等公共服务设施已按规划设计要求建成。

4 道路、绿地和物业服务用房等公共配套设施按规划设计要求建成，并满足使用功能要求。

5 电梯、二次供水、高压供电、消防设施、压力容器、电子监控系统等共用设施设备取得使用合格证书。

6 物业使用、维护和管理的相关技术资料完整齐全。

7 法律、法规规定的其他条件。

3.2.4 承接查验主要以核对方式进行，在现场查验、设备调试等基础上，还可以采用观感查验、使用查验、检测查验和试验查验等具体方法进行查验。承接查验的主要依据是物业买卖合同,（临时）管理规约,（前期）物业服务合同,物业规划设计方案,建设单位移交的图纸资料,建设工作质量法规、政策、标准和规范。

3.2.5 签订物业管理承接查验协议是承接查验重要环节,主要目的是明确房屋和配套设施设备查验情况及存在问题、解决方法和时限、双方权利义务、违约责任等。

3.3 物业服务场所

3.3.1 《四川省物业管理条例》第十二条规定：新建住宅物业时建设单位应当设计配置具备水、电、通风、采光等基本使用功能和条件的物业服务用房、业主委员会议事活动用房。

物业服务用房、业主委员会议事活动用房位于地面的部分不低于百分之五十。物业服务用房按照房屋建筑总面积的千分之二,且不低于 100 平方米配置；业主委员会议事活动用房按照不低于 30 平方米配置。

3.3.2 物业服务中心是物业服务企业在住宅物业管理区域内向业主、物业使用人提供各项服务的主要场所。实践中,有的住宅物业管理区域规模较大,楼栋分布较为分散,为方便业主,提高服务效率,除设置物业服务中心外,还可分区域设置服务窗口或服务点。

3.3.3 物业服务中心主要利用住宅物业管理区域内配置的物业服务用房。在实际建设和配置中，有些住宅物业管理区域的物业服务用房较为分散，且条件有限。因此，物业服务中心的设置，在考虑住宅物业管理区域规模，建筑区划划分，物业服务用房条件的前提下，应具备基本的服务、接待及办公条件和功能。

3.3.4 设置 24 小时服务受理电话是为了保证业主、物业使用人在物业服务中心开放服务时间以外的其他时间，及时向物业服务企业提出服务需求。

3.3.5 物业管理相关信息的公示公开，有利于促进物业服务沟通，加强物业服务监督。2011 年以来，成都市在全市物业管理区域推行物业服务"管务公开"制度，取得了良好的效果。

3.3.6 由业主委员会保管的应向业主公示公开的档案资料，也可以将复制件存放在物业服务中心供业主查阅。

3.4 物业服务岗位

3.4.1 本规程未对物业服务人员的配置作具体规定，主要是考虑我省物业管理发展水平的地区差异和物业服务企业管理服务水平的差异。因此，物业服务人员的配置主要依据物业服务合同。

3.5 服务受理和投诉处理

3.5.2 服务项目包括物业服务合同约定的服务项目和特约服务项目。对服务情况进行回访、统计、分析有利于持续改进服务。

3.5.3 投诉按性质一般分为责任性投诉和非责任性投诉，按程度一般分为一般投诉、严重投诉、重大投诉。

3.6 突发事件应对

3.6.1 建立健全突发事件应急预案有利于提高业主、物业服务企业应对和处理突发事件的能力，预防和减少突发事件的发生，控制、减轻和消除突发事件引起的危害。

3.6.2 规定了突发事件的分类。

自然灾害一般包括：地震、塌方、泥石流等地质灾害；暴雨（雪）、雷暴、冰雹、大风、洪涝等气象灾害；白蚁等生物灾害。

安全事件一般包括：打架斗殴、抢劫、盗窃，存放或生产易燃易爆、剧毒、腐蚀、放射性等危险物品等社会治安事件；变配电、给排水、电梯等设备安全事件；消防安全事件；交通安全事件。

公共事件一般包括：传染病疫情、食物中毒、职业危害等公共卫生事件；非法集会、群体上访等群体性事件。

3.6.3 规定了应急预案的编制要求。编制科学、合理、高效的应急预案是有效应对和处理突发事件的重要前提。

3.6.4 规定了突发事件的处置原则。

3.6.5 住宅物业管理区域是人员密集场所，因此消防应急预案演练应每年不少于 2 次。电梯安全事故、洪涝灾害是近年来住宅物业管理区域内频发的突发事件，因此也需要定期开展相应的应急预案演练。

3.7 档案管理

3.7.1 物业管理活动中形成的档案一般包括物业档案、业主档案及物业服务档案。

3.7.2 档案是业主、物业服务企业履行法律法规、管理规约和物业服务合同的证明，也是组织实施物业管理活动的重要参考，因此档案管理在物业管理活动中尤为重要。

3.7.4 物业服务企业保管的档案，由物业服务企业指派专人负责。业主委员会保管的档案，由业主委员会指派委员负责。

3.7.7 在物业管理过程中，会形成和产生大量的文件资料，因此，资料立卷归档应充分考虑档案的保存、利用价值和有效性、完整性。

3.7.8 在物业管理活动中，电子、声像等特殊载体档案越来越多，其保管要求也和传统的纸质档案有所区别。

3.7.9 物业档案涉及物业规划建设相关的技术资料和物业权属资料，业主档案也包括业主及其家庭成员的身份信息、联系方式等。因此应设相应的密级。

3.7.11 物业管理是长期持续的过程，业主不断变化，房屋及其附属设施设备也会有维修、更新和改造，因此相应的档案也应实施动态管理，及时更新和补充。

3.7.13 物业档案、业主档案及部分物业服务档案依法归全体业主所有，因此，物业服务企业在物业服务合同解除或者终止后，应当向业主委员会移交相关档案。

3.8 业主满意度调查

3.8.1 业主满意度调查是评价物业服务履约情况、收集业主意见和建议的重要手段。应达到的满意度或满意率一般在物业服务合同中约定。

3.8.2 规定了满意度调查的方式。

3.8.3 满意度调查比例直接影响调查的有效性、科学性和调查结果，因此，调查比例应充分考虑调查方式、交付或入住情况。

3.8.5 规定了满意度调查报告的内容。

4 共用设施设备运行、维护和管理

4.1 一般规定

4.1.1 出厂合格证、使用说明书、保修卡、保修协议、安装调试报告等是共用设施设备运行、维护和管理的重要依据。

4.1.2 住宅物业管理区域的共用设施设备一般包括：变配电、弱电系统、给排水系统、电梯、消防系统，这些共用设施设备的运行、维护和管理要求差异较大，因此应根据其不同的性能、特点和工作原理等组织实施。

4.1.3 《特种设备安全法》第三十五条规定：特种设备使用单位应当建立特种设备安全技术档案。

4.1.4 随着共用设施设备使用的年限增加，可能需要通过维修、更新和改造来保证其使用功能正常。因此，应根据共用设施设备的实际使用年限、使用现状、维护情况来制定其维修、更新和改造计划。另外，《四川省物业管理条例》第六十八条规定：物业保修期内，因建设工程质量问题发生的维修等费用，由建设单位承担，不得从专项维修资金中列支。物业保修期届满后，物业管理区域内共用部位及共用设施设备的维护、维修、保养和管理责任，由业主共同承担。共有物业的维修、更新、改造费用，由共有该物业的业主按照各自拥有的物业专有部分建筑面积比例分摊。因此，有专项维修资金的，还应当制订维修资金使用计划。

4.1.5 对共用设施设备运行、维护和管理计划及方案的规定。

4.1.6 对共用设施设备运行、维护和管理应当有的记录作了规定。

4.1.7 共用设施设备房的管理是共用设施设备运行、维护和管理的重要内容之一，因此共用设施设备房的管理应符合相应要求。显著位置应张贴或悬挂相应制度规程是为了指导作业；出入管理和防护措施是为了保证共用设施设备的安全运行；配置作业工具和消防灭火器材是为了在出现突发事件时能快速处置。

4.1.8 共用设施设备标识主要包括：共用设施设备房标识、共用设施设备卡、共用设施设备运行状态标识、作业标识、禁止标识、安全提示及警示标志。共用设施设备标识的设置和规范管理是保障共用设施设备运行安全和作业安全的重要手段。

4.1.9 根据《电力安全工器具预防性试验规程》DL/T 1476 的规定，高压验电器、绝缘棒、绝缘靴、绝缘手套等应定期检验。

4.1.11 共用设施设备属于业主共有，同时共用设施设备发生故障或不能正常使用时，可能给业主、物业使用人造成不便或引发事故，因此应立即停止使用，设置警戒，并向业主、物业使用人说明。

4.1.12 雷暴、强降水、大风等恶劣天气，可能对共用设施设备造成损坏或干扰其正常运行，因此应组织专项检查，目的是排查隐患，提前做好防范措施。

4.1.13 节约资源是我国的基本国策。同时，国家鼓励、支持节能科学技术的研究、开发、示范和推广，促进节能技术创新与进步。住宅物业管理区域的节能降耗主要依靠管理手段和技术手段实现，但应在保证共用设施设备设计性能和可靠运行的前提下实施。

4.1.14 对中央空调或其他智能设施设备的运行、维护和管理作原则性规定。

4.2 变配电

4.2.1 规定了变配电设施设备房的管理要求。近年来，变配电设施设备事故的发生，很大一部分是由于湿度过大导致绝缘值下降造成击穿；啮齿动物通过桥架缝隙或穿墙、板孔洞和桥架穿缆钢管之间的缝隙进入配电柜（箱）造成短路，或啃咬绝缘层导致电气事故；因此，应用不可燃材料作防火封堵。

4.2.2 配电柜保持清洁，能够确保散热和爬电距离不受影响；无异常声响和异味，说明各电气元件的绝缘值正常；补偿电容外观表面温度未超过规定值及三相电流平衡，说明补偿电容功能正常；变压器及附属设施各特征参数无异常，说明变压器工况良好，散热及时，温度保护功能和防误入带电间隔措施正常到位；电缆电气线路呈现特征无异常，说明电能传输途径正常；接地可靠保证了发生故障时开关能可靠动作，切断故障回路，缩小停电范围，确保操作安全。

4.2.3 规定了变配电设备的巡查作业要求及故障发现和处置。以往实践表明，用电高峰时段，由于负荷显著变大，电流明显增加，因接触不良接触电阻过大引起的发热效应会很快显现出来，如未及时发现，可能损坏设备导致事故发生。配电设备仪表和信号指示装置显示的参数，是变配电设施设备实时工况的直接指示，从运行参数判断设备状况是巡查的基本方法，巡检记录有助于分析查找故障发生的原因。

4.2.4 变配电设备维护保养周期应符合预防性实验规定的周期、电气设备的运行规律及生产厂家保养要求；作业工具入场前登记，完工后清点，能有效避免工具遗留作业面导致的短路事故；计划停电提前 24 小时通知业主，主要是为了让业主有足够的时间做好准备；停送电作业应按照《电力安全工作规程》GB 26860 的规定执行。

4.2.5 发电机外接输油管道采用金属硬管是为了保证输油管道安全可靠；蓄电池电压低于 24 V 时，难以保障发电机正常启动；发电机定期试机是为了检查发电机运行状态，试机时间过短容易造成积碳，且无法全面观察其运行状态，时间过长则造成柴油浪费，并缩短其使用寿命；储油间以及采用铅酸蓄电池作为启动电源的场所属于爆炸危险环境，普通开关或灯具启断时产生的电火花在油气浓度达到爆炸临界点时会导致爆炸事故，因此设置在储油间等易燃易爆场所的灯具及开关应为防爆型。

4.3 弱电系统

4.3.1 弱电设施设备房管理规定。根据《安全防范工程技术规范》GB 50348规定，弱电设施设备房应铺设防静电地板。

4.3.2 弱电系统运行管理规定。住宅物业管理区域的弱电系统主要包括视频监控系统、门禁对讲及管理系统、车辆管理系统、周界防范报警系统、背景音乐系统、巡更系统等。禁止安装与系统无关的软件，是为了保证系统正常运行。

4.3.3 定期测试、调校有利于排除故障隐患。数据备份是为了系统故障能及时恢复，数据能及时查阅。

4.3.5 弱电系统维修保养的专业性较强，因此，不具备维护保养技术条件和专业力量的，可以委托专业维护保养单位实施。

4.4 给排水系统

4.4.1 设备管道标注介质流向，便于故障排查和检修；生活水箱通气管和溢水管加装网罩，生活水箱盖上锁、密封严实是为避免异物进入，污染水源。

4.4.2 给排水设施设备运行管理规定，主要包括给排水设备接口密实性、运行噪声、运行压力、阀门状态等。

4.4.3 给排水设施设备巡查作业规定。雷雨天气或洪涝灾害时，排水泵常常会频繁启动，如果不及时巡查监测，易造成住宅物业管理区域内涝，因此巡查应不低于每两小时1次。

4.4.4 给排水设施设备维护保养规定。《四川省生活饮用水卫生监督管理办法》第二十一条规定：二次供水单位应当至少每半年对储水设施清洗、消毒 1 次；每季度对水质检测 1 次，并将检测结果向用户公示；发现水质不符合国家标准及卫生规范时，应当立即停止供水，对储水设施进行清洗、消毒。

4.5 电 梯

4.5.1 电梯是特种设备。《特种设备安全法》第三十二条规定：特种设备使用单位应当使用取得许可生产并经检验合格的特种设备；第三十三条规定：特种设备使用单位应当在特种设备投入使用前或者投入使用后三十日内，向负责特种设备安全监督管理的部门办理使用登记，取得使用登记证书。登记标志应当置于该特种设备的显著位置。

4.5.2 《四川省电梯安全监督管理办法》（四川省人民政府令第 298 号）第二十条规定：在用电梯定期检验周期为 1 年。电梯使用单位应当在检验合格有效期届满前 1 个月向电梯检验机构提出定期检验要求。未经定期检验或者检验不合格的电梯，不得继续使用。

4.5.3 对电梯专用钥匙的管理作了规定。专用钥匙由专人保管，有利于杜绝因操作不当导致的电梯安全事故。

4.5.4 《四川省电梯安全监督管理办法》（四川省人民政府令第 298 号）第十五条规定：电梯使用单位应当在电梯轿厢内或

者出入口的显著位置张贴电梯使用登记标志、定期检验标志、安全注意事项、警示标志、应急救援电话号码、电梯使用单位和维护保养单位的相关信息等。

4.5.5 根据《电气装置安装工程电梯电气装置施工及验收规范》GB 50182、《电梯技术条件》GB 10058 的相关规定，对电梯的运行管理作了规定。

4.5.6 电梯机房、轿厢的巡查频次要求及问题处理。

4.5.7 电梯维护保养的规定。

《四川省电梯安全监督管理办法》（四川省人民政府令第298号）第二十四条规定：电梯的维护保养应当由电梯制造单位或者依法取得许可的安装、改造、修理单位进行；第二十六条规定：电梯维护保养单位应当与电梯使用单位签订维护保养合同。维护保养合同应当明确维护保养的内容和要求、维护保养起止日期和频次、故障报修和应急救援等内容。

《特种设备安全监察条例》第三十一条规定：电梯应当至少每15日进行一次清洁、润滑、调整和检查；第三十二条规定：电梯的日常维护保养单位应当在维护保养中严格执行国家安全技术规范的要求，保证其维护保养的电梯的安全技术性能，并负责落实现场安全防护措施，保证施工安全。

4.6 消防系统

4.6.2 消防控制室应配备相应器具以备紧急情况使用。

4.6.3 消防系统主要包括：消火栓系统，自动灭火系统（喷淋，气体等），自动报警系统，报警联动系统（防火门、防火卷帘、防排烟机、消防电梯等），疏散照明系统（应急灯、标志），应急广播系统等。消防安全是关系广大人民群众生命财产安全的头等大事，因此，对消防系统作定期巡查和测试是十分必要的。根据《四川省消防条例》第四十条规定，自动消防设施全面检测应至少每年进行 1 次。火灾探测器、声光报警、手动报警等设备每季度抽样检测比例不低于总数的 25%，有利于实现全年全覆盖检测。

4.6.4 消防系统维护保养规定。根据《四川省消防条例》第三十七条、第四十条相关规定，居民住宅区的物业服务企业应对管理区域内的共用消防设施、器材进行维护管理，确保完好有效；自动消防设施应当由具有相应资质的单位和人员定期进行维护、检测。

5 共用部位维护和管理

5.1 一般规定

5.1.1 住宅共用部位涉及的范围广、功能复杂。如：房屋本体包括了承重结构部位（基础、承重墙体、柱、梁、楼板、屋顶等）、户外墙面、门厅、楼梯间、走廊通道等；配套设施包括了道路、路灯、沟渠、化粪池、垃圾转运设施、机动车（非机动车）停车场（库）等；相关场地包括了休闲（文化）广场、健身运动场地、儿童娱乐场地、露天停车场地、社区活动中心（会所）等。在维护管理过程中，应根据共用部位的不同功能、特点、使用年限和使用现状等组织实施。共用部位维护和管理制度主要包括共用部位使用管理制度、巡查制度、维护保养作业规程、突发事件应急预案等。

5.1.2 随着共用部位使用的年限增加，可能需要通过维修、更新和改造来保证其使用功能正常。因此，应根据共用部位的不同类别、实际使用年限和使用现状来制定其维修、更新和改造计划。另外，《四川省物业管理条例》第六十八条规定：物业保修期内，因建设工程质量问题发生的维修等费用，由建设单位承担，不得从专项维修资金中列支。物业保修期届满后，物业管理区域内共用部位及共用设施设备的维护、维修、保养和管理责任，由业主共同承担。共有物业的维修、更新、改造费用，由共有该物业的业主按照各自拥有的物业专有部分建筑面积比例分摊。因此，有专项维修资金的，还应当制定维修资金使用计划。

5.1.5 住宅物业管理区域是人员密集场所，且一些住宅物业管理区域规模较大，因此，在物业管理中，需要相应标识对人员、车辆进行指引。

5.1.6 无障碍设施是方便残疾人、老年人等行动不便或有视力障碍者使用的安全设施。住宅物业管理区域内的无障碍设施主要包括无障碍通道（路）、电（楼）梯、平台、洗手间（厕所）、盲文标识等。

5.1.7 雷暴、强降水、大风等恶劣天气可能造成共用部位损坏，甚至会对业主生命财产安全造成危害，因此，需要组织共用部位专项检查、排除安全隐患。

5.1.8 共用部位出现安全隐患，不能及时排除，可能造成危害，因此应采取相应措施。

5.1.9 共用部位的维护和管理关系到房屋及配套设施的使用安全，因此，按照工程建设强制性标准和有关技术标准实施是共用部位维护的基本要求。在不具备相应专业技术力量的情况下，还可以聘请专业单位实施。

5.1.10 《四川省物业管理条例》第六十条规定：因维修物业或者公共利益需要，确需临时占用、挖掘物业管理区域内道路、场地的，应当征得业主委员会的同意。临时占用、挖掘道路、场地的，应当在约定期限内恢复原状。

5.2 房屋本体

5.2.1 对房屋本体的巡查一般采取观测、使用、试验等方法，且需要定期定点进行，才能有效判断其使用状况。

5.2.3 对白蚁防治作了规定。

5.2.4 对房屋安全鉴定作了规定。

5.3 配套设施及相关场地

5.3.1 对配套设施及相关场地的巡查一般采取观测、使用等方法，对人员密集、使用频率较高的，巡查的频次也相对较高。

5.3.2 对金属、木质构件作防腐防锈、加固是为了延长其使用寿命，排水沟、池、污水井、化粪池的清掏应根据实际情况实施。

5.3.3 根据《防雷减灾管理办法》规定，防雷装置应当每年检测一次。

5.3.4 机械式立体车库按其结构分为升降横移式、垂直升降式、平面移动式、垂直循环式、简易升降式、多层循环式等，因其种类繁多，且目前从全省来看，在住宅物业管理区域中使用较少，本规程只作原则性规定。

5.4 房屋装饰装修管理

5.4.1 《住宅室内装饰装修管理办法》（建设部令第 110 号）

第十六条规定：装修人，或者装修人和装饰装修企业，应当与物业管理单位签订住宅室内装饰装修管理服务协议。

5.4.2　物业服务企业在房屋装饰装修管理中，主要有告知、制止和报告职责，其实施管理的主要依据是相关法规政策和住宅室内装饰装修管理服务协议。

5.4.3　房屋装饰装修管理服务制度主要包括装饰装修登记管理制度，装饰装修材料和人员管理制度，装饰装修现场巡查制度，装修违规行为告知、制止和报告制度等；装饰装修管理服务档案主要包括装饰装修登记资料，巡查记录，装修违规行为告知、制止和报告记录等。

5.4.4　根据《住宅室内装饰装修管理办法》（建设部令第110号）第六、七、九、十三、十五条对房屋装饰装修管理作了规定。对共用部位、共用设施设备进行必要地成品保护，是为了防止装修施工行为对共用部位、共用设施设备造成损伤；施工作业人员进出登记、办理出入证，是维护公共秩序的需要。

5.4.5　房屋装饰装修的巡查频次、巡查内容要求。《住宅室内装饰装修管理办法》（建设部令第110号）第十七条规定：物业管理单位应当按照住宅室内装饰装修管理服务协议实施管理，发现装修人或者装饰装修企业有本办法第五条行为的，或者未经有关部门批准实施本办法第六条所列行为的，或者有违反本办法第七条、第八条、第九条规定行为的，应当立即制止；已造成事实后果或者拒不改正的，应当及时报告有关部门依法处理。对装修人或者装饰装修企业违反住宅室内装饰装修管理服务协议的，追究违约责任。

5.4.6 《住宅室内装饰装修管理办法》（建设部令第 110 号）第三十条规定：住宅室内装饰装修工程竣工后，物业管理单位应当按照装饰装修管理服务协议进行现场检查，对违反法律、法规和装饰装修管理服务协议的，应当要求装修人和装饰装修企业纠正，并将检查记录存档。

6 秩序维护

6.1 一般规定

6.1.2 《四川省物业管理条例》第四十八条第一款规定：物业服务企业应当按照物业服务合同中关于安全防范的约定，健全安全防范措施，做好物业管理区域内的安全防范工作，为业主提供安全高效便捷的服务。未履行约定义务的，依法承担相应的法律责任。

6.1.3 制定秩序维护相关规章制度是健全安全防范措施的基础。保持相关记录完整，有利于风险防范，为相关事件的处置和责任划分提供依据。

6.1.4 对秩序维护人员的聘用、服装及服务标识和培训作了规定。其中对服装及服务标识的规定，依据《保安服务管理条例》第二十七条有关规定。

6.1.6 安全防范设施设备一般属于业主共同所有。因此，安全防范设施设备出现故障不能及时修复，应向业主、物业使用人说明情况，同时加强相应的辅助措施。

6.1.7 监控室、消防控制室是秩序维护和安全防范的核心，也是信息收集、发布和报送中心，因此应配备报警电话。

6.1.8 规定了秩序维护标识的设置和管理要求。

6.2 公共秩序维护

6.2.1 出入口管理主要包括人员、车辆、物品的进出秩序。

6.2.2 有的住宅物业管理区域未配置监控设施，配置了监控设施的住宅物业管理区域也可能有监控盲区，因此需要靠巡逻来补充防范措施。

6.2.3 对监控室的设施运行、人员值守、相关记录和发现异常情况的处置作了规定。《保安服务管理条例》第二十五条规定：监控影像资料、报警记录，应当至少留存 30 日备查，不得删改或者扩散。

6.2.4 《四川省物业管理条例》第四十八条第二款规定：物业管理区域内发生安全事故时，物业服务企业应当采取应急措施，并及时向有关行政管理部门报告，协助做好救助工作。

6.3 交通秩序维护

6.3.1 停车场配置消防灭火器材是消防安全管理需要。非机动车停车场配置充电装置是为方便电动自行车充电。

6.3.2 机动车、非机动车及行人混用通道存在交通安全隐患，因此宜实行分流管理。不具备分流管理条件的住宅物业管理区域，可增设隔离措施和警示标识。

6.3.3 近年来，住宅物业管理区域内因车辆停放及车辆丢失和损伤引发的矛盾纠纷逐年上升，因此对车辆的进出、停放、停车场的巡查等作了规定。记录车辆在进出或停放时的异常情况，有利于规避管理风险。

6.4 消防安全管理

6.4.1 消防安全管理是住宅物业管理的重要内容，是关系广大人民群众生命财产安全的头等大事。《四川省消防条例》第三十六条规定：物业服务企业应当按照物业服务合同，在委托管理的范围内履行消防安全管理职责，提供消防安全防范服务，并依法履行消防安全义务。住宅物业管理区域的消防安全事故形成原因是多样的，很大一部分是发生在业主专有部分，因此，物业服务企业履行消防安全管理职责，提供消防安全防范服务，应以物业服务合同为基础。

6.4.2 根据《四川省消防条例》第三十七条，对消防安全管理制度、消防安全宣传教育、消防安全检查作了规定。消防安全管理制度一般包括消防设施的维护保养、消防安全隐患排查、消防安全事故应急预案、消防应急队伍建设等。消防安全宣传教育的对象既包括物业服务企业的从业人员，同时也包括业主、物业使用人。

6.4.3 消防安全管理的重点是消防设施、器材的维护和管理。物业服务企业在消防安全管理中的主要任务是对消防设施和器材进行维护保养，确保其正常使用。

6.4.4 根据《四川省消防条例》第三十七条，对消防安全检查的频次、重点部位、火灾隐患的处置作了规定。随着住宅建设规模的大型化，消防安全检查要实现全覆盖有一定难度，因此，在日常管理中，应明确消防安全管理的重点部位。

6.4.5 在《消防控制室通用技术要求》GA 767 的基础上，对消防控制室的管理作了规定。

7 环境维护

7.1 一般规定

7.1.1 共用部位的清洁主要包括相关区域和场地的清扫、擦抹、冲洗；绿化养护主要包括植物的浇灌、整形、施肥、移（补）栽、病虫害防治等；生活垃圾清运主要包括垃圾堆放点、垃圾箱（桶）的清理和垃圾转运；消杀主要包括有害生物防治灭杀，相关区域和设施的消毒。

7.1.2 住宅物业管理区域内不同的区域对环境维护的要求不尽相同，如电梯使用频率较高，需要及时清洁；消防通道使用频率较低，则只需定期清洁。

7.1.3 环境维护管理制度主要包括岗位职责、作业流程及环境维护用品管理制度等。

7.1.4 消杀和清洁药品多为有毒有害或带腐蚀性，如果使用不当，容易造成危害，因此，在采购、领取、使用及回收等环节应加强管理。

7.1.5 环境维护作业，特别是高处作业、消杀作业可能影响人员、车辆通行，甚至可能造成危害，因此，应合理安排作业时间，并设置相应标识，采取必要的防护措施。

7.2 共用部位清洁

7.2.1 共用部位清洁作业频次规定，具体可根据合同约定和住宅物业管理区域的实际作调整。

7.2.3 清洁作业范围广、作业工具多，很多住宅物业管理区域内没有专门的清洁作业工具库房。因此，作业工具应摆放整齐、隐蔽，不得占用楼梯通道、设备管道井及其他公共区域。

7.2.4 高处清洁作业具有一定的危险性，因此，必须装备安全防护器具。设置专人监护，是为了观察作业环境、维护作业现场秩序及为作业人员提供作业协助和救援。

7.2.6 发生雷暴、强降水、大风时，共用部位容易有积水及其他散落物，会给行人、车辆造成不便，同时存在安全隐患，因此应加强清洁频次。

7.3 绿化维护

7.3.1 对绿化养护要求作了规定。

7.3.2 随着住宅建设品质的提高，住宅物业管理区域内的植物也日趋多样化、名贵化，对植物的浇灌应充分考虑植物的特性、长势以及生长环境、气候等因素。灌木浇灌一般每 3 至 5 天 1 次；乔木浇灌一般每 5 至 10 天 1 次；高温天气宜适当增加频次。

7.3.3 修剪整形既有利于植物生长，也能保持观赏效果，同时，对大型乔木作定期修剪，可降低安全隐患，不影响相邻业主户内采光通风。乔木修剪一般每2年1次；灌木修剪一般每年1次；绿篱修剪一般每年2次；草坪修剪一般每季度1次；杂草清理一般每月1次；生长季节宜适当增加修剪频次。

7.3.4 绿化的施肥作业不仅要考虑植物生长本身需要，同时也要维护业主的居住环境，因此，应尽量使用有机肥料。乔木施肥一般每年1至2次；灌木施肥一般每年2至3次；地被、草坪植物施肥一般每年1至2次；花坛植物根据生长情况进行追肥。

7.3.5 在病虫害防治作业中，使用药物具有一定的危害性，因此，作业前应书面告知业主、物业使用人，提醒业主、物业使用人做好防护措施，同时严禁使用高毒性或强刺激性农药。

7.4 垃圾清运及消杀

7.4.1 生活垃圾清理和转运规定。垃圾袋装清运，有利于保护环境，避免清理和转运过程中的二次污染。

7.4.2 消杀作业管理的重点内容是消杀药品的管理。实践中，因药品管理不当，造成小孩及宠物误食的事故时有发生。因此，在作业前应提前告知业主、物业使用人，作业过程中应有明显标识，作业人员也应有相应防护措施。